JN409995

거대한 트리

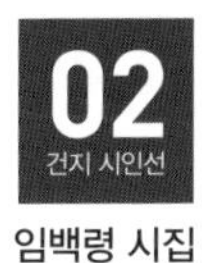

임백령 시집

거대한 트리

전북대학교출판문화원

自序

제 땅에서 나온 슬픔의 소리
다시 제 귀에 들려 위무하듯이
돌려주고 싶은 노래들이 있었다.
감정을 표현 못하는 반벙어리 대하듯
없는 행간을 덧붙여 읽기 바란다.
역사의 상처와 분단의 아픔을
재산으로 물려받는 이 땅에서
이념이 사라지는 가난한 날
황홀한 세상을 꿈꾸며.

目次

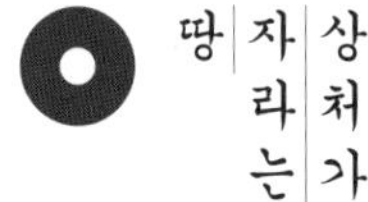

상처가 자라는 땅

보이지 않는 땅

바람이 부는 땅

바다에 떠 있는 땅

1

상처가 자라는 땅

거대한 트리

한반도 온 땅에 솟은 소나무 가지마다
불빛이 반짝인다.
땅속에서 인광이 새어 나와
거대한 트리를 완성하였다.
누가 켜 놓았는지 밤새도록 꺼지지 않는다.
트리에 걸어 놓은 버클 신발 단추들이
골짜기로 몰려간 바람에 어쩌다 흔들리면
한 소절 캐럴도 없이
뼈다귀끼리 서로 부딪쳐 우는 소리들
더러 삭아서 떨어지는 것
불빛에 비쳐 보이기도 한다.
색색의 빛깔도 없이 푸른 빛 하나로
거대한 트리를 점등해 놓고
땅 아래 얼굴 묻고 등을 돌린 사람들
아무도 찾지 않아 선물 하나 매달려 있지 않고
산타클로스 썰매도 오지 않는 곳에서
그들이 켜 놓은 크리스마스트리가
그들의 배후를 찾아간다.
뚫린 두개골 구멍에도 새어 들고

상한 뼛속으로 스며들어
등을 돌리고 엎어져 있어도
땅 아래 환하게 비치는 크리스마스트리

전사(戰士)들의 길

달빛 아래 은거지 길목에 숫자를 새기며
햇살의 금박 붙인 한 권 투쟁사를 엮어 갔다.
쫓기다 돌아보면 신기루로 비쳐 오는 신세계
능선 굽이마다 온갖 꽃들이 눈부셨다.
덫에 걸려드는 착각은 산속에 갇혀
바깥으로 나가는 길을 잊어버리게 했다.
발자국마다 세상 밖 그리움이 일어
바람이 우우 골짜기 밖으로 몰아칠 때
타앙 쫓기는 냄새의 흔적을 사살하고
영하 사십도 하얀 눈밭 걸어가다 보면
눈 덮인 바위 속 누구의 발가락인지
핏빛 꽃들이 가지 뻗어 우수수 피어났다.
바위 열고 만발한 굳은 언약이
우리를 저만치 밀어내는 앞산 봉우리
부스러져 내리는 발바닥 아래
허방을 지어 만든 꿈속 세상으로
쿵쿵거리는 발자국 소리가 뿌리를 내렸다.
우리 고기 원하는 맹수도 그만 지쳐
산 능선이 부처의 자태로 누울 때쯤

붉은 단풍이 우리의 간절한 세상을
장엄하게 펼쳐 넋을 잃게 만들었다.
또 한 번의 혹독한 겨울 추위 속에서
우리를 기다리고 있는 세상이
저 봉우리 넘어서면 올 것이라 확신하며
겨울 달을 더 한층 깊은 산속으로 들이밀었다.

꽃을 먹는 나무

산수유 꽃 보러 들른 곳
그처럼 참혹한 광경은 처음이었네.

제가 피운 꽃 땅에 떨어뜨리지 않고
깨끗하게 먹어 치우고 있는 거야.

게걸스럽게 다시 삼키는 꽃을 좀 생각해 보아
도저히 낙화라고 할 수가 없었네.

고이고 고여 출렁이던 이 땅의 사연들
온몸으로 게워 내니

신열에 들뜬 지리산 이마
봄철에도 흰 눈이 덮였다는데

나비 몇 마리 날아오기 전 제 몸 불사르던 화염
감쪽같이 거두어들이는 순간 목격한 것이리네.

그 자리 슬픔 발효하듯 열매를 달고

붉은 눈 수만 개 점등하는 겨울날

이제 그만 떼어 내라고
눈발이 후려치지만

눈보라 견디는 열매 하나가 나무를 보듬고
나무는 산을 보듬고 땅은 사람을 보듬고 있는 것 아닐까

그런 생각 나무처럼 피워 보는 것이라네.
꽃을 다시 먹어 치우듯 나도

현장(現場)

땅을 매장했던 시간의 긴 매듭이 풀렸다.
목격자가 짚은 기억의 현장은
몇백 미터 위로 끌려가 있었다.
빛깔 없는 신발만 잃었더라면
죽음은 선사시대로 돌아갔을 것이다.
발바닥 닳도록 짐을 지고 있는 듯했다.
순장 이끌던 주인 보이지 않고
주검 옆자리 금장식 하나 없었다.
모든 것 허망하게 뺏긴 유골은
무릎 꿇고 순종의 자세 풀지 않았다.
심장 부풀리던 마지막 감정까지도
머리에 뚫린 구멍으로 빠져나가 버렸다.
부력을 얻지 못한 쇠붙이 등 몇 개
부장품이 녹슨 시력으로 몸을 찾고 있었다.
주검을 염습하고 뿌리로 감싸
휘파람 불어 주던 풀줄기는
혼을 찾아 떠돌기로 했다.
부족의 숫자만이 일지에 기록되었다.
신원 밝혀내지 못한 이들이

눈빛으로 뼈를 맞춰 보듬으며
투명한 옷을 입혀 주었다.
붙잡아 주기 바랐던 간절한 손이
서로에게 뻗어 가 서로 붙잡고 있었다.
땅속을 내다보는 눈이 처음으로 열렸다.

만복대 설화(雪花)

천오백 상공 바람으로 떠다니는 혼들이
발목 나란히 드러낸 채 산 위에 앉아 있다.
하얗게 줄지어 나간 시린 단층대

보이지 않는 상체에서
산수유 꽃망울 들여다보며
언뜻언뜻 마을 풍경 붙들고 있다.

희미하게 물들기도 하다가
날아오른 노란 아지랑이 속으로
만복대 하얀 발목들 다시 승천하면

봄내 앓는 지리산 만신의 꿈에
산수유 몇 그루 때늦은 꽃을 피우고
만복대 넋들 앉았던 곳은 흔적이 없다.

혼의 바람 몰려다니는 어느 단층
바람의 날이 박혀 든 푸른 하늘
산수유 열매마다 피가 도는 겨울

산골에는 가장 먼저 눈발이 쳐
제 몸 끝없이 던져 넣는다.

살상(殺傷)

깊은 산골짜기 들어서는 트럭 속에
인형(人形)들이 가득히 실려 있었다.

두 손 뒤로 묶인 인형들은
죽은 뒤에도 눈을 감지 못하였다.

구멍 밖으로 파편 같은 공포와
분노의 뇌수가 터져 나왔다.

부서지는 인형들 몸속에도
눈물 받던 뼈가 있던 것일까.

이 나라 도처 산골짜기 구덩이
밤하늘 별빛처럼 인광이 반짝였다.

인형을 기억하는 벙어리 몇 사람이
뼛속에 박힌 죽음의 형징을 증언하였다.

표적이 된 죽음의 사상과 그것을 포박하던

인형의 표정들 사라지고 없는 곳

이 나라 어디에선 지금도
수십 년 전 일이 살아나

트럭 속에 가득히 실려간 인형들
깊은 산골짜기에서 처형당하고 있다.

하교(下校)

산 아래 어린이집이 있다.
원생들 돌아가고 텅 빈 곳

아이 셋이 기웃거리다
열린 문으로 들어간다.

칠판 글씨를 따라 써 보지만
그대로 읽을 수 없어

접어 놓은 종이 새를 만진다.
새가 되어 날아 보는 아이들

유리창 안에서 파닥거린다.
웃음소리 자꾸 바닥에 흘린다.

턱 하나 없는 아이와
두 눈이 보이지 않는 아이

갈비뼈 반쯤 떨어진

아이 셋이서 돌아간다.

아이 부르는 소리
땅 밑에서 들려오는 산골짜기

풀줄기 가만히 흔들리고
새 소리 숨죽이는 곳 있다.

해후(邂逅)

구례 산동 상위 마을 노란 산수유 터지고
논둑 냉이에 든 추위 몇 장 흔들리던 날
산수유 부락 산자락 뿌옇더니
순식간 너머 지리산이 하얗게 변하였다.

산수유 바라보는 서늘한 눈길에 흠칫 놀라
그 건너 설화의 사연 더듬고 있는데
산수유는 산수유대로 넌지시
산봉우리 하얀 눈망울 바라보는 것인지

노란색 사연 쳐다보는 저 백색 눈꽃과
백색 설화(雪話)에 건네는 노란 산수유의 화화(花話)
귀담아듣지 못한 소리 오가는 것 같아
그 경계에 눈길 머물러 한참이나 본다.

근방엔 겨레의 슬픈 이야기 많이도 묻혀 있어
주고받는 두 사람 사이 애틋한 눈빛
저를 보러 온 저의 환신인 것일까
기슭까지 내려와 산수유 꽃과 눈물로 해후하는 눈발

산수유 진 뒤에도 산이마 덮고 있는
눈사태 속에 노란 꽃망울 맺혀 있어
동녘 하늘 지지 않는 꽃그늘이 오래도록 눈부셨다.

해독되지 않는 노래

덤불 속으로 날아드는 한 무리 새떼
제 혼 불러 저를 달래는 소리 입에 물고
모이주머니에 주고받는다.

수풀 속 갇혀 있는 그늘
두려움의 꼬투리 터트려 주듯
부풀린 깃털에 품고

땅속에 누운 뼈마디 몇 개
날개 달고 어둠을 닦는다.

마른 풀대 찍어보는 나 어린 새
눈감으면 밝아 오는 옛 터전

조금 옆으로 옮겨 보고 제자리 찾듯
땅속 들었다 나와 비비비비
반색하는 소리도 있다.

새들 있는 곳에서 가까운 마을

노인은 그것을 천근으로 받는다.

혼자서 알아듣는 소리가
두 점 등불을 켠다.

하늘 높은 곳 날지 못하는
한 무리 새떼

몇 평 안 되는 땅 오가며
꽃 피우는 저들의 노래

해독되지 않는 슬픔이
보금자리 터를 열고 닫는다.

지리산(智異山)

마을 전설이 숨어든 산속 어느 골짜기로
간다 하였다. 베레모 군인들이 동청에 머무는 때면
우리는 그 곁을 떠나지 않았다. 오줌싸배기 똥싸배기
던져주는 말 좋아라고 한 마디씩 기다렸다.
헬리콥터 삐라가 공중 꽃비로 내리는 날
두근거리는 꿈을 좇다가 빈손으로 돌아왔다.

흘러온 봇짐장수가 이웃 마을 이야기를 풀어놓았다.
피 묻은 처녀의 붉은 댕기 조각도 보따리에 섞여 있었다.
산수유 꽃가지 상여를 메고 흘러가는 시냇물
꽃숭어리들이 돌 틈에 걸려 노랗게 흔들렸다.
물의 나라 무릉도원 들머리에서
우리는 애꿎은 물고기만 잡아 툭툭 배를 땄다.
탱탱한 슬픔의 부레 터지는 소리 아무도 듣지 못했다.

아랫마을 산봉우리를 윗마을 노랫가락이 휘감아 왔다.
마을에서는 장구 등을 두드려 그 소리를 긷어 냈다.
그리하여 윗마을에 가지 않았다.
들리지 않는 사연 지천으로 피었다 져도

아무 것도 몰랐던 시절 혼자 솟은 산이
백설을 머리 위에 얹고 살았다.

아침마다 해가 그쪽에서 떴다. 산 너머
붉은 노을이 동쪽 바다에서 들끓었을 것이다.
그곳으로 뻗어 있는 마을 뒤쪽 산길
나무 등짐 속에서 인골이 튀어나오기도 했다.

산속으로 들어간 마을 전설이 잊혀 갈 즈음
어느 날 나는 보았다. 우리가 살고 있는 마을 곳곳
뻗어 있는 산의 줄기를 그 속에 감추어진
슬픔의 깊은 뿌리가 마을에 들어서 있는 것을

두려움을 품은 나무

구름 음산히 바람 불어치고 한 무리 참새 떼 날아오면
늙은 나무는 어둠 속에 내린 뿌리와 썩은 가지 안에 숨겨둔
두려움 가득 품고 다시 돌아가네 늙은 나무가 어린나무 저를 감싸고 숨죽이네
바람에 날려 사방 흩어진 씨앗들도 모르는 생생한 기억
참새들 날아와 지저귀면 하나하나 그때의 잎사귀와 가지가 돋아나네
절대 변하지 않는 중심 나무가 선 자리에서 늙지 않는 살풍경
땅에 내린 참새들 오른쪽 왼쪽 고쳐 앉는 놀이를 할 때
나무는 보네 그날의 현장 그 뚜렷한 일들이 다시 살아나네
바람도 구름도 사람도 떠나갔지만 그러면서 나무도 늙어 갔지만
단 하나 영생하는 과거라 언제나 현재이네
해독되지 않던 말들도 이제 알 수가 있네 못 들었던 사람의 말도 귀를 열어 오네
참새들 날아와 되새기는 그날 그대로 덮어두고 싶은 참상 이후
참새들 날아가고 무수히 잎사귀 맺혀 가지마다 들끓는 통증
한평생 앓았던 아픔에 뒤틀린 고목이 오늘도 그 자리에 있네
떨궈 내지 못하고 날아가지 않는 잎사귀 제 몸 무성히 압도하

는 두려움으로
  자라지 않고 늙어버린 나무 한 그루 있네

순간체험

쫓기는 자는 발길이 딱 멈춘 자리에서
몇 걸음 밖으로 튕겨 나고자 했을 것이다.
용수철처럼 키를 낮춘 신경의 실타래
꿈꾸기조차 허용되지 않는 절명의 순간에
사로잡힌다. 오싹한 공포로, 얼어붙어, 버린다.

몇 걸음 밖 간절히 그들이 원했던 자리
살아나서 보고 있는 풍경이 아름답다.
원점의 파문으로 꽃피는 그들의 평화
그들의 도피와 그들의 안전지대가 둘러 있다.

죽어서도 살아 떼어 낼 수 없는 몸속
죽지 않는 공포의 신경들 뒤엉켜 만든
짧지만 아무도 모르는 감각이 살아난다.
어두워졌던 눈이 돌아와 박히고 귀가
열린다. 혼비백산 손발이 자라나 달아난다.

육탈된 뼈마디로부터 몇 발자국 밖
절박하게 옮겨가 피할 곳 한 자리

그들이 오지 못한 곳에서 그들을
바라본다. 박제되어버린 공포를
기념비로 세워 놓고 굳어버린 자들이
도달하고자 했던 곳에서 손을 내민다.

한 치도 안 되는 곳으로 그들을
몰아세우던 자들은 현장에 없다.
자세 거두고 돌아가 꽃을 심는 터전이
그토록 증오했던 사람들 열망했던 자리
미처 꿈꾸지 못한 아름다운 배경임을
그들의 눈을 렌즈 삼아 기념사진 찍고
저마다 그 자리 뜰 때까지도 모른다.

행간(行間)

가리키는 손끝에서 숲 덤불이 흔들린다.
지나는 바람이겠지만 바람과 숲 덤불 사이
행간에서 일어난 일을 해설사가 이야기한다.
수차례 되뇌다 보면 그날이 실제 보이는지
보이지 않는 원혼까지 그려 준다.

해설사가 안내하는 길 따라 유적지를 옮긴다.
장소를 땅속 뼈다귀 한 분이 수정해 보지만
땅 아래 행간은 절대 읽히지 않는다.
백 프로 밝혀지지 않고 숨는 진실

유골이 된 구전 이야기를 듣고 난 후
죽은 자와 함께 서 보는 기념 촬영 시간
보이지 않는 것은 결코 현상되지 않았다.

동행 중에는 토벌대 편인 사람도 있었다.
그들의 분노가 조금씩 가라앉는 것을
뼈마디 순해지는 것으로 알아가는 것이
역사 탐방의 최대 감동이라고 생각했다.

가해자와 피해자의 좁혀지지 않는 행간
그 사이에서 모든 일이 일어난 것이다.
죄인과 판관이 되어 섬을 떠나는 우리
뭍과 섬 사이 바다 좁고도 먼 행간을
섬은 따라오고 뭍은 밀어내고 있었다.

달빛 이야기

소인 없는 작품을 내려보내기로 했어요.
할머니가 불러 주고 아저씨가 대필한 글은
손을 잃고 입이 조각난 제가 주인공
구멍 뚫린 서로의 생각 기워 내다
다리 없는 할머니는 자꾸 넘어졌어요.
반쪽 머리 아저씨는 기억력이 신통해요.
한 번도 들어 보지 못한 동화처럼
별나고 끔찍한 악몽의 이야기
별똥별의 도움으로 익일 특급에 부쳤어요.
도중에 검은 구름이 앞을 막았지요.
누군가 몰고 다니는 눈물강에 젖어서
망가진 사연들 내내 햇빛에 말렸어요.
마감 날 촉박해도 찾아가 본 그 자리
굳게 닫힌 돌문 앞 서성이다
바람의 도움으로 길을 얻었어요.
운 좋게 찾아낸 손과 입안의 뼈
몸에 맞추어 보니 들어맞지 않았어요.
제가 커 버린 것인지 모르지요.
큰 바위 아래 신발은 포기하고

옷이 다 해어져 소용없는 단추는
나오다 보았지만 그냥 지나쳤다고
구슬 하나는 눈부신 표시로
다시 찾을 자리 놓아두었다고
덧붙이고 싶은 후일담은 어떡하죠?
가득 쌓인 종이 원고 위에 얹을 수 없어
투고되지 않는 달빛 이야기 충만한 땅에서.

소화(消火)

작전명 소화를 듣는 순간
아름다운 섬의 한 여자가 떠올랐다.
섬은 불타고 있었다. 밖으로
번지는 불을 길들여야 한다.
잠들지 않고 불은 번지므로
침묵하는 불의 세계로 되돌려야 한다.
불을 추격 사살한 불의
까만 사체를 짓이긴다.
맹렬하게 타오르던 불의 정기는
쓰러지자마자 신속히 잦아든다.
곧바로 새 살 돋는 불의 땅
불길 지난 도처 나무를 심고
물길을 땅 밑으로 열어야 한다.
모든 불씨 잠재우는 봄비 내리면
한라산 백록 흰 사슴이 올 것이다.
다시는 기웃 않게 불의 씨를 제거
자전명 소화를 완료했을 때
주위를 두른 물의 세계 바다
섬 처녀 소화가 웃고 있었다.

육지로 돌아간 용맹한 전사는
훈장처럼 가슴에 화상을 품고 갔다.
흉터는 불을 닮아 이글거린다.
불을 붙잡아 몸속에 가두어 버린
위대한 병사는 가끔 불 꿈을 꾼다.
제 몸에 불을 지르는 끔찍한 악몽이다.

마라도

거대한 배 한 척 마라도
날마다 제주항을 떠난다.
이어도에 닻을 내리기 위해
저 사팔 년 난리의 순간부터
바람 보내 윙윙 뱃고동 울린다.

한라산 돛대 꺾인 섬
핏물 붉은 항구를 떠나
오라고 오라고 손짓하지만
살아온 자 태우지 못하여
영혼만 만선인 텅 빈 마라도.

노아의 방주에 실은 내일의 터전
거센 바람 불어와 박토를 떠미니
거기 떠메고 간 산 하나
무너뜨리지 못할 오름을 세우고

다시 한 세상 살아 보자고
닻을 올려 떠나도 떠나도

언제나 제자리 돌아와
피의 무덤 바랐고 선
거대한 근심 한 척.

건져 올릴 수 없는 닻줄에 묶여
거센 풍랑에 춤추는 달이
저편 누워 있는 자들의 눈에
환하게 돋는 밤.

오름

누구의 것이 밤사이 솟구쳤는지
소름 같은 오름이 비탈져 있었다.
자고 일어나면 막아서는 앞산
절벽을 떠받친 한 생이 선명했다.

소나무 한 그루 없이
한라산 중심의 사발통문 둘러
오랜 날 주고받는 슬픔의
선 하나 끌어 잡은 무명의 이름들

해변 비탈 떠나지 못하고
한라산 꼭대기로 치솟아 오르는
구상나무 벼랑 아래 질곡의 세월들

춤추듯 사이사이 비집고 들어가
공중에 지어 올리는 고의 매듭
한리신 벡록 화관 밀어 올리며
섬 하나 단단히 굳히고 있었다.

꼬이고 꼬인 매듭 풀어낼 길 모른 채
가파른 능선 획을 치는 한 생이
골짜기에 빠져 보이지 않았다.

다랑쉬

부탄이나 라오스 어느 산골에서
열한 가구 사람들 보았던 적 있다.
마을 이름이 다랑쉬였는지 모른다.

죽어서 기억 못하는 모진 슬픔 부리고
말도 잊고 전생 두고 온 나라에서
어쩌다 찾아드는 꿈속 모습들이
그들 일이었음을 모른 것 같았다.

난리 겪는 사람들 멀리 있다고
손에 모은 재액 덜어 주고 달래 주듯
히말라야 신을 향해 머리 숙인다.

버림받은 슬픔 떠돌다가 물러나
되돌아간 출구 저편 웅크린 굴속
막아 놓은 거대한 돌문 앞 찾아와
진혼을 날리는 자 없을 천 년

캐내지 못하는 소금기 슬픔 흘려

바위기둥 달나라 궁전 짓는 다랑쉬

이름 떠올려 주려 밤마다 떠올라
굴렁쇠처럼 하늘 떠다니는 굴레
달 속에 그날의 참상 또렷하다.

술래잡기

술래잡기하러 한 점 섬으로 간다.
불순한 노래 부르는 새들 잡으러
아무데나 들 수 있는 바람으로
바람 끝에 새의 혀 같은 화살 메겨
가서 숨어 있는 덤불에 살을 날려라
날아오르는 자들의 죽지에 심장에
화살을 박는다. 새와 연애한 모든
것들 나무를 자르고 길을 짓이기고
구전되는 섬의 노래 들리지 않게
바람이여 들떠라 우리들의 천지
깨끗한 섬 한 채 빚어내기 위하여
새의 노래 씨앗 떨어져 오른 곳
보이거든 잘라라 그 자리 싹을
화산암 구멍마다 속속들이 뒤져서
새끼의 노랫소리 자라고 있거든
가차없이 바윗돌 갈라 버려라

웃음

웃는다.
난리 때 죽은 사람들
살 벗고 일제히
땅속에서

웃는다.
따르고 간 술잔
풀뿌리 내려준
이슬 받아

웃는다.
이마뼈 코뼈 이빨 몇 개
흩어진 조각들
팽팽히 당겨져

웃는다.
흙속에서도 환히 보이는
서로의 표정
극락에 왔다는 듯

기부금 영수증

이 땅에 푸른 상처 많기도 많아
썩지 않은 뼈들 엉켜 있는 땅
결코 감기지 않는 눈들 돌보다 많아
걸음 옮겨 디딜 수도 없는 땅
참혹하여라, 언 땅 얼어버린 망막에
바람이 치고 눈발 퍼부을 때
연말이면 전송 받는 기부금 영수증
열두 고개 넘어와도 달라진 것 없어
무사하고 바쁘고 밝기만 한 바깥
종이 한 장에 얼비쳐 오는 입구
눈부시어라, 땅을 열고 들여다보면
푸르고 검은 저 뼈들의 산란
꽁꽁 언 땅에 맺힌 눈들이 보여주는
잠들지 않는 저 수많은 흔적들

서시(序詩)

반도의 자식으로 태어나 길렀어라
끝 간 데 없이 가득한 푸른 통증을
간직한 몸속의 산맥과 강줄기는
내 죽으면 땅 아래 굵은 뼈마디에
시린 피멍의 길로 선명하게 박히리라
썩지 않는 역사가 만발하듯
미움을 품은 사랑의 향기가
갈라져 숨는 하나의 채색이
봄꽃으로 눈부시게 산 위에 번졌다가
강물 속으로 힘없이 내릴 때
나는 영영 눈을 뜨지 못하리라

2

보이지 않는 땅

계절 언어

북녘 사투리 높고 남녘 사투리 낮으니
소리는 안 되고 한글도 온 세상 듣는 말이니
대륙도 모르고 섬나라 모르고 먼 동쪽 모르게
주고받는 우리만의 신호는 우리 반도
가득한 계절 언어로 합시다.

붉게 피어 북으로 가는 봄 진달래
북쪽 넘치면 높아지는 남쪽 강물
한라까지 백두에서 물들어 오는 단풍
아무도 모르는 신호 어느 때나 있어

"조선 동해에서 흘러드는 습한 공기와 지형의 영향으로
함흥, 원산에서는 눈이 내렸습니다."
조선중앙TV 보도 소리 백두대간 타는 눈발
남이라 북이라 한반도 폭설로 갇혀도
삼천리 고샅길 잇고 잇는 우리만의 소통

대륙도 모르고 섬나라 모르고 먼 동쪽에서도 모르는

적지(敵地)의 달

소달구지에 솥단지에 어깨에 말에
가만히 내리는
달빛

밤늦게 길을 가는
먹을 것 비어 있는
돌아가는 여성 동무의 처진
그들이 나누는 희미한

밀애(密愛)

압록 두만 강변 총을 메고
경계 근무 서는 인민군 여자
그 동무에게 접근한다면
즉각 총 겨눠 노리는 것은
나의 사랑일까 목숨일까

까칠한 그의 볼 봄바람으로
복숭아 꽃빛 한 번 물들여 봐?
밤마다 따르는 달빛 그림자
사랑의 허물 벗는 벌레 소리
심술궂게 비도 뿌려
옷깃에 스며든 나의 눈망울
혼곤하게 증발하는 꿈도 꿔 봐?

가을이면 발치에
연서 적어 툭 던지고
백두대간 타고 내려
조선호랑이 살아 있는 얼굴
슬쩍 보여주며 가슴 철렁

내려앉게 만들어 봐?

서로 다른 억양 순해져
하나 된 우리 사랑
함께 말 타고 달려가자고
안달난 무모함이
발각되어 한밤중
사살될지라도

가슴 속 터져 나간
사랑의 용량
차고 넘쳐 다시 설레겠네
압록강 두만강 푸른
물결 출렁이겠네

루비콘 강

돌아올 수 없는 강을 넘었다는 소식 접하고
이 세상에 없는 루비콘을 떠올리네.
루비콘은 마법과도 같아서
먼 옛날 말 탄 영웅으로 비쳐 오는 그대
흐릿한 그림자가 길 끝에서 떨고 있네.
등 뒤 반달로 져서 그대 칼을 받는 나는
나의 칼에 잘려 나간 그대 반쪽 더듬어 보네.
떨어져 나간 겹겹이 선을 긋는 것이
켜켜이 돋쳐 난 가시 끝 독기로
미로 속에 저를 유폐시키는 일이라네.
하늘은 달을 띄워 서로의 상처 내보이고
수없이 떼어 낸 적이 눈앞에 돌아와
다시 칼을 겨누고 있음을 보라네.
화살로 날아온 서슬에 서로 찔리니
칼집을 떠난 두 자루 눈먼 칼은
정확히 자신의 심장을 찾네.
사관의 천 년 예언이 저주되는 순간
오늘 루비콘을 건너는 그대를 보내며
나의 칼이 잘라 낸 하늘의 반쪽 달에서

루비콘 강물 위로 떨어지는 붉은 핏방울.

나의 것이기도 하고 그대 것이기도 하는

누란(樓欄)

너무 멀리 있는 그녀가
공중에 거처하는 것처럼 보인다.
신기루로 떠서
제국의 가장 가까이 사는 그녀가
나에게 몇 마디 던지는 것 같다.
이 땅 산봉우리 감싸는 안개 위에 펼쳐진 나라
모든 계절 땅 위로 내려와 굴러가는데
지상의 곡식 한 알 수확해 올릴 수 없는 곳에서
들려오지 않는 그녀의 모습
언제 부서질지 모르는 제국의 안전을
날마다 빌고 나는 또 빌어야 한다.
제국이 멸망하지 않아야 살아갈 수 있는 그녀
햇빛에 새긴 그림자 다가와
나를 감싼다. 때로 곁에 눕기도 할 때
조용한 그녀의 숨결을 느낀다.
구름으로 떠도는 그녀의 안부
흩어질지 모르는 신기루 한 사락
꿈꾸는 지상 과제가 사라지지 않도록
그녀 노래를 들어주고 그녀의

시선 머무는 곳에 내 눈길 포갠다.
지상에서 날리는 무자비한 화살이
그녀를 피해 다시 날아 내리기 소망하며
달로 떠오른 그녀를 바라본다.
빗물로 흘러내린 그녀의 슬픔 움켜도 본다.
그녀의 시신 어루만지듯
그녀가 사는 나라 폐허를 올려다본다.
우리 거처에서 수천 미터 상공으로 떠오른
그곳을 누란이라 부를까
누란이란 거대한 누각의 난간에서
아무것도 먹지 않고 잠들지 않고
때로는 새가 되어 날아가 버리는 존재들
대체 그네들이 꿈꾸는 세상은 무엇일까
그 누구도 미워하지 않은 채 밀려 올라가
공중에 건설한 꿈의 제국
누란의 발자국 소리 오늘도 들려온다.
그들의 일사불란한 소리들 몸짓들
영혼의 행진처럼 지상에 비쳐 온다.
공중으로 올라가는 사닥다리 한 줄 없어
지상의 양식 한 톨 보낼 수 없고
결코 내려올 수 없는 곳에 암장된 나라 누란
언제 사라질지 모르는 내 마음 꼭대기에

위태롭게 펄럭이는 신기루의 바람결
그 속에 그녀가 산다.

암소 생각

어렸을 적 못 먹인 암소 한 마리, 골반 뼈 움푹한 허기 쓰다듬던 안쓰러운 눈길, 그러면서도 송아지 뽑아 장에 내다 팔았지. 동족의 아이들 보면 제대로 못 먹인 어릴 적 그 암소 생각난다. 아이들이 앙상하니 그곳의 산하도 어디 한 곳 성한 데 없이 온 땅 내주건만 젖샘이 말라 쭉정이만 남는다. 나오지 않는 젖을 먹기 위해 송아지 어미젖을 아프게 들이받듯 땅을 쉼 없이 파 대는 동족들 풀줄기와 송기로 연명하다 결국 쓰러지는 목숨들. 북쪽을 바라보면 어느 언덕 유년 시절 가난한 집에서 키우던 암소 한 마리 서 있다. 그가 거두고 있는 수만 마리 어린 새끼들 젖을 먹지 못하여 골격이 앙상한 아이들 한반도에도 있고 아프리카에도 있다.

동족의 묘기 그네입중심

– 입에 문 비수 끝에 장도 칼끝을 세워 그네를 타는
고난도의 곡예

칼끝으로 칼끝을 받아내었으니
일각이라도 비틀리면 너의 칼은
나의 심장을 관통하리라.
누군가를 겨누지 않았기에
입에 문 나의 칼은 끝이 무딘 짧은 비수
화살로 날아온 너의 칼을 극적으로 막아 내고 있다.
칼자루 끝에 올려놓은 축배의 포도주가
출렁이며 한순간 암시의 빛을 던진다.
최후의 나를 붉게 물들일 어두운 피의 저 깊이
나의 미세한 떨림을 술잔 속 파동으로 감지하고 있겠지.
긴 칼끝 축배가 위태로울 적마다
술잔 속 춤추는 살의와 광기 잠재우기 위해
어긋나는 직선을 수평으로 돌리려는 본능 하나가
수직의 바위 벼랑 끝없이 세워야 한다.
왼쪽이면 오른쪽 꺾여서는 안 되고
물러서면 저쪽 힘이 잦아드는 만큼
내 몸 바짝 밀어 빈틈 없애야 하니
내가 가야 할 길 떠올라 공중에 엉켜버렸다.

비틀리고 꼬이고 매듭지으며 희롱당하는 온몸
뻗는 손과 척추 마디마디와 나의 다리는
칼끝을 칼끝에 바로 세우는 팽팽한 버팀줄
풀리고 감기는 생명의 벼랑 끝 헛딛는 숱한 아찔함이여.
내 칼의 중심에서 너의 칼 속에 내린 독기는
혀를 물었으니 너의 살의 깊어갈수록
너의 칼날 서슬을 타는 생존의 가쁜 숨결.
하늘 땅 뒤바뀌는 재주로 사지 속 뚫어 나가며
한 동작 다음 동작 꼬리 물고 이어져 스치는
한 마리 용의 비상은 길도 공중에 새기는 법.
오, 이제 나와의 춤을 끝내려는 너의 의도
나의 칼끝에서 순해지는 너의 체념으로 알기에
그제야 춤을 끝내고 땅에 내린다.
칼끝에서 내려앉은 길 하나가 나를 받아 뻗는다.

폭설

오오 흰 눈이 되어 그대 창문 들이치며 가리라
오랫동안 기다린 듯 나를 맞아 주는 눈빛 향하여
절망의 그대 외침 뻗어 오른 공중 길
하얗게 씻어 내고 벅찬 마음 온통 채워서
주체 못하는 설렘 나의 것 아니라는 듯
그대 마을에 퍼부으리라 남김없이
그대 눈꽃 세상 눈부시게 잦아들리라
긴 여름 추적추적 그대 처마 밑 울다 왔느니
슬픔 하얗게 표백된 곳 황홀한 선으로 서리라
몇 줄기 바람에 나의 조각 무너져 내리면
오오 그대 발자국이나 받아 내리라
내 안에 꾹꾹 그대 사랑 낙인을 찍어
봄이 오면 그 자리 꽃이나 피워 보리라
그대 발길 이슬 고인 핏방울 내 걸음에 닦아
몰래 밝힌 새 아침 맑은 하늘 창문에 걸어 보이리라
스쳐가는 눈망울 무심히 나를 잊어도
돌아오는 새처럼 언덕 너머 눈에 드는 먼 풍경
다가서리라 한 자리 그대 별빛 붙박이리라

그 마을이 있었다네

– 의식의 흐름 수법으로

그 마을에 가지 못했네 지척이 천리라는 말
거꾸로 뒤집어 보아도 닿을 수 없네
그 마을이 마음 밖으로 나가 있으니
갇힌 것은 내 마음이라 마음속으로
돌아오길 바라는 단 하나의 생각이네
나는 아직도 마음이 가슴 속이 아니라
눈 밖이라는 생각이 드네
비대한 혹 덩어리 달고 살아가는
일생의 고통이여 마을의 골목이 보이네
그 마을에 이르는 길 나는 모르네
사람의 몸에서 딛고 선 땅이 분리되어
숨 쉬는 건 누군가의 감추어진 심장일까
그러므로 거기 갇혀 살아가는 사람들
내가 살아 보지 않은 마을이
떠오르는 것은 내 숨결이란 말인가
한 번도 만나 보지 않은 사내가
왜 자꾸 얼쩡거리는지 내 생각은 왜
뜻 없이 저 마을에 사로잡히는 건지
낯선 필체의 큰 구호가 있는 마을에서

오래전 버렸던 물건들 쌓인 곳에서
배회하는 사나이 그 사나이가 될 수 없어
거기 따뜻한 공기와 햇살이 지워진 곳
낡은 필름의 실루엣 속으로 흘러가네
필름의 음화에 비쳐 드는 빛
영원히 해독할 수 없는 색깔의 풍경
나무와 흙빛과 다르지 않은 공기의 질감
그 속에서 그들이 주고받는 말과
터놓는 생각을 온통 붙들 수가 없네
보이지 않는 비가 내리는지 알 수 없는
냄새가 갈색의 물기로 넘치듯 찌든
그 마을은 너무 멀리 있네 아니
가까이 있어 숨은 것처럼 안 보이네
가을 와도 거기는 풍년 들지 않는다는
주문을 내가 환청으로 만든 건지
아무도 가지 않는다는 소리도 보이네
가고 싶은 곳이어서 갈 수 없는 곳
가 보지 못하고 나는 죽을 것이네
내 무덤가 한쪽으로 그 마을이 있네
나의 눈이 열려도 공중으로 떠도는
나에게 돌아오지 않는 영상을 보네
그곳 사람들을 나는 아무도 모르네

모르면서 죽어서도 갈 수가 없네
죽으면 모든 것 보일지도 모르는데
세상의 나무와 햇빛은 우리의 숨결
모든 것 우리 핏속 자라고 있는데
붙잡을 수 없네 시간이 갈려서
몇백 대 후손이고 먼 조상인 것일까
반대로 나는 아득한 조상인지 몰라
다가오지 않는 시간 미리 가버린 틈새를
이어 볼 수도 없네 망원경의 풍경처럼
희미한 빛으로만 다가오는 윤곽
실제 거기 있는 건지 신기루인지
동공 깊숙이 비쳐 오는 눈 먼 상이여
그들을 섬기는 나의 일생이 가엾네

남풍(南風)

갈 수 없는 동굴 속으로 들어설 수 있을까.
습기 내 칙칙한 고샅길 웅크리고 앉아 있다
흙빛을 닮아 부스러지는 동족의 얼굴
흙 한 줌 쓸어 보고 싶은 나의 손길이
그들의 허기 속 두레박으로 내릴까.
하얗게 눈뜨며 이를 드러내는 마음씨
증오심 없는 파란 눈 이방인이 되어서
동족 처녀 호기심이나 자아낼까.
술래인 나를 피해 햇빛 속에 숨어도
당겼다 놓아주는 햇살 엮어 눈부시게
동족의 시름 잠시 잊어 보게 할까.
스쳐가는 길목 바람길 새로 들어서
소경 같은 사람끼리 만나나 볼까.
고구려 시대 고분 벽화 수레바퀴
아직도 덜그럭거리는 길거리 짐수레
실을 짐이 없어 작아져 버린 칸에
바람 한 점 고봉으로 얹혀 갈까.
먹을 것 없는 집 마당 한쪽
고구려 벽화 풍화된 흔적으로 숨어

그들의 말소리 귀동냥이나 할까.

물봉선 군락지

물봉선 한 송이 애처로이 바라보며
그 여름 한 처녀를 생각하자 그는
군중 속에서 붉은 꽃 흔들며 권한다.
제 몸 불태우는 마음 식히려고
발목에 계곡 물 흘려 적시고 있다고
당신도 와서 서늘해 보라는 냉기
몸속 물관부 파고드는 순간이다.
복제된 날들의 수많은 빨강 나비들
날아들어 숨막히게 나를 덮쳐 오지만
한 송이씩 파리한 슬픔 접고 있는 나
당신의 열정 왜 내 안에서 피어나지 않지?
혼잣말처럼 꺾어지는 말에 대답도 없이
천년을 마치 기약해야 한다는 듯
내 안에 지는 슬픔 머리에 거두어
자기들 기쁨으로 떠받들고 말한다.
또 오시라요, 그때는 서로 불타오릅시다레,
한 마디도 나의 냉정 꺾지 않는 불봉선
저희 몸 살라 마디 붉은 군락지를
빠져나온다. 살며시, 나는

물봉선 꽃술의 추억

차도로 빨간 꽃잎 하나 떨어진다.
평양 길거리 휘어진 인도 도열한 인민들 중
목을 빼고 기다리던 한 사람 헛딛는 순간이다.
삼팔선 넘어 남쪽 인사들 다시 떠나고
꽃술 거두어 돌아간 가을
아직도 이리 많이 물봉선 맺혀 있으니
이 꽃의 북방한계선은 어디쯤인가
그곳에서 꽃술 흔들어 대던 사람들
지금까지 길거리에 남아 있단 말인가
주고받는 이야기 소리 들려온다.
물봉선 꽃빛으로 오래도록 수런대며
흘러오고 있다. 가가호호
보관해 둔 꽃술은 시들지 않는 조화라
잡풀들 스러져도 땅이 온통 붉을 것 같다.
흔들어 대지 않고 집에만 두어도
기다리고 환영할 일 너무도 많아서
숲은 물봉선 빨간 꽃술 천하이다.

싸리채반

진안 마이산 나오다 북한산이라는 말에
돌아서서 구입한 싸리채반 두 짝
고려청자나 옛 그림 손에 넣은 것처럼
소중히 받쳐 들고 한 자리 모셔 두었다.
이만 원 자본에 연결되는 동족의 손길
낯익은 매듭 엮어 낸 노동의 대가로
그들에게 돌아간 몫을 알 길 없지만
그릇이 필요치 않은 시대 그릇 하나 놓고
어디에 쓸 것인지 생각해 본다.
척박한 산야에서 자라던 싸리나무
부러지지 않게 휘돌리는 부드러운 곡선
끝을 이어 다시 갈무리하는 솜씨
떨어뜨려도 깨지지 않는 결속으로
북에서 남으로 굴러온 그릇 하나
담아야 할 것 없어 담아야 할 것이
너무 많은 시대 무엇을 얹을까
벼 막힌 하늘 반쪽 올려다 놓으면
조국의 아침 환하게 트여 와 좋겠고
좋겠지 썬 호박도 단맛 들여서

남북이 함께 잔치 떡 해 먹을 날
기다리는 마음을 하얀 눈 떡가루
채반 위에 가득 날려 볼 때
순간 둘러앉은 사람들 말소리
껍질 헐벗고 단단하고 촘촘히
싸리채반 매듭에 절어 탱탱하다.

옥류금(玉流琴)

서른세 줄이나 걸린 현은 좁은 반도에서
울려 내야 할 소리 많기 때문일 것이네.
온 땅 쓸어내리듯 줄 고르는 손끝에서
쏟아져 내게로 들어와 새살 짓는 소리
알고도 모르는 척 줄 하나 툭 건드리니
그렁그렁 살 붙이는 농음에 심금이 울어 눈물 맺히네.
저 여자 깊은 슬픔 옥류금 통 속에 옮겨놓은 것인지
내리뜬 눈빛 짚어 내는 손길 사뭇 깊어서
고무줄 넘듯 우리 앞 철조망도 악기 삼아
사람들의 마음 제멋대로 뭉개고 다니네.
악기의 울림통 되어 버린 우리의 가슴
여름날 강가에서 눈을 맞고 서 있었네.
어여삐 노래 부르기 시작하는 접대원 동무들
바로 앞 우리를 저리 목놓아 불러 주니
지척이 천리 밖인 이유 여기 와서 알겠네.
소리의 톤이 자꾸 올라간 연유 그제야 알았네.
접대원 동무 목소리 그렇게 구름 위로 치솟아
목소리에 이끌려 나 또한 구름 위로 솟구쳐
벅찬 노래 솜털같이 숨을 틀어막아 오지만

무정한 척 흘려듣자니 물결이 출렁거려
압록강 아래 어지러이 표류하는 한반도
오늘 밖에서 껴안는 저 안의 슬픔과 기쁨을
어느 사이 행진곡으로 바꾸는 우리의 동포
가야 할 길 따라가던 노래 멈춰 서면
여기는 먼 길 에돌아 중국 단둥이란 곳
제자리 찾아오는 한반도인 양 나를
손잡는 접대원 동무 목소리가 젖어 있네.

남남북녀

그녀와 나는 같은 경도 위에 살고 있다.
일테면 우리는 같은 줄을 타는 동족이다.
한 줄 현을 울리며 봄이 올라가고 겨울이 내려오듯
물결 지는 나의 떨림 그녀에게 닿았으면 하는데
소리 받아 울지 못하는 눈먼 길을 품는다.
나팔꽃 손을 뻗다가 그리움의 씨앗만
툭 자신의 영토에 떨어뜨린다.
남북으로 갈리어 바르르 떠는 상반된 자성
나의 줄 끝에서 긴 호로 연결되는 그의 줄 끝
도달 못한 노래가 제 머리 위를 맴돈다.
해를 맞고 눕는 시간 우리 같아도
나보다 약간 늦게 밥을 먹는 그녀
한 박자를 사이에 둔 흐름이 아니다.
식사 한 끼가 위도에 따라 달라지는 게
줄의 매듭에 새겨 넣는 사상 때문이라고?
빈곤과 풍요를 낳는 사상의 올가미가
우습지 않나? 두 마리 새처럼 함께
줄 위의 음표 위아래로 옮겨 앉으며
북위 33도에서 43도까지 하나의 노래

한 줄 현을 탄주하면 얼마나 좋을까 하는
나의 사상 결국 몇 도에서 멈추는 거지?

금강산 유감(遺憾)

금강산 옥류관 북쪽 창가 냉면 한 그릇 두고 앉으니
앞으로 난 길 오가는 온정리 마을 사람들 보인다.
냉면발 닮은 옷 입고 지나가다 나에게 들킨 최초의 동족
무심한 듯 냉면발 걷어올리는 나도 그의 눈에 잡혔는지 모른다.
나의 성별과 옷 색깔 정도만 눈에 들 것이다.
몇백 년 음식 솜씨 이곳에서 맛보고
사방이 가로막혀 돌아가는 길만 따를 뿐
어디로 갔다가 그들이 오는지 근방의 지리 알 길이 없다.
같은 민족이면서 상대의 안부 묻지도 않고
서로 다른 사상의 자존심 건드릴까 조심스레 말을 거둔다.
맘껏 울지도 못하고 한껏 웃지도 못하고 시원하게 방뇨도 못하고
난생처음 대하는 동족 손잡을 수 없어
오래전 보아 왔다는 듯 익숙하게 서로를 대한다.
우리 사이 분단으로 반쪽 사진만 찍혀 나오고
부당한 만남의 시간을 남북으로 되돌린다.
천하명산 금강산 옛 조상들 찾아와
발 담그고 그림 그리고 바위에 새겼다는데

죽기 전 못 올 곳인 양 보고 또 보고
동족들과 터전을 눈 속에 감춰 넣느라 바쁜 우리
산도 말이 없고 주인도 말이 없고 손님도 말이 없다.
남쪽 사람 다녀간 뒤에도 달라질 게 없는 산
누군가 두고 간 메아리 없어 울지도 않고
주인들은 그들의 길 거두어 산은 홀로 남는다.

통일된 금강산에서 다시 만납시다

산에서 새를 찾는 나를 그녀는 의아해 한다.
지금의 금강산에는 빼어난 경관이 없다고
절경의 순간은 몇 년 몇십 년 뒤에 온다는 듯
아름다운 옷도 먼 산에 벗어 놓고 왔는지
흘러간 물속에 화장 도구 넣어 두고 왔는지
굵은 몸매로 돌아와 점심을 짓는다.
별들이 박혀 있고 오래전 핏자국
물든 옷 다시 챙기는 그녀
밥을 먹고 손을 흔들었지만
벌써 떠나 버린 그녀 응답이 없다.
그녀의 높은 톤이 날아온 공중
그녀 말의 보금자리 올려다본다.
그녀 없는 곳에서 만나자는 말 앞에 그녀가
항시 앞세우는 '다시'로 새로워지는 곳에서
그녀일지 모르는 바위와 나무와 물을 담는다.
그녀 말처럼 현재가 아니라 절경은
미래의 말인가, 바위가 정녕 바위 되는 날에
다시 만나자는 그녀 말이 잠겨 있는 바위를
나무를 물을 안쓰럽게 쓸어 본다.

한 몸에 담고 모든 고난 견디면
이 땅 새롭게 탄생한다는 전설 품고
투박한 몸속에 넣은 이 땅의 바람
잉태의 긴 세월 그녀는 풀어내는 것인가
그녀의 땅 벗어나며 그녀가 믿는 전설 떠올리며
나는 또 하나 나의 전설을 만들어
그녀의 이야기와 이어 보았다.

금강산 구룡폭포

간이물품 파는 동족 여자 가슴에서
처량한 물소리가 내게로 흘러왔다.
구룡폭포 바라보는 나의 눈빛
카메라 앵글이 자꾸 안개 속에 흐려졌다.
꽁꽁 언 폭포수 빙벽이 기울어
오는 피사체를 밀어내려 했지만
기어코 들어서고야 말았다.
북극 평화로운 나라 산속이나
큰 나라 육중한 풍경 갖고 싶은 소망이
가난한 백성 배고픔으로 번졌다.
폭포수 암벽 두드리며
애끊는 통증 심어대는 줄기
하늘을 점령한 돌개바람에
모든 것 뜯어 대륙으로 옮겨 놓고
텅 빈 금강산을 홀로 걸어 나왔다.
짐승 한 마리 깃들 수 없는
바위산 단발령은 어디쯤인가
고갯마루 넘지 못하고 곳곳
발자국 한 켤레 얼어붙었다.

아우의 노래

네가 부르는 노래를 들었다
다른 사람의 목소리를 통하여 들었다
너는 내 곁에 있는데
나는 네 노래를 들을 수 없구나
너의 노래를 듣지 않고
나의 말만 늘어놓았으니
너의 말을 듣지 않고 나의 노래만 불렀으니
너의 절망과 외로움은 얼마나 컸을까
나의 곁을 떠나 천리를 떠돌던 너의 노래
누군가를 울리고 그 사람의 목소리로
다시 바다를 건너왔구나
너의 노래 속에는 두려움이 있구나
너를 꺾으려는 나의 지난날이
자신감이었다니 나는
모리배였단 말인가
화해와 사랑의 손 내가 뻗기 전
다른 사람이 너를 향해
동정의 노래를 부르고 말았으니
다른 이가 부르는 너의 노래 들으며

참담한 아픔을 품게 되누나
아 네가 쌓아올린 탑
그 위에서 타오르는 소망의 불꽃
너는 피어나는 봄의 나뭇가지에
희망의 잎사귀 해마다 달았었구나
기다림의 세월이었구나
수많은 사람들과 손을 잡고
나아가고자 했던 길은
맞서려는 것이 아니라
나와 함께 손잡으려는 열망이었음을
이제야 네가 통곡하던 강줄기
내게로 흘러와 가슴 때리고 넘치는구나
미국 '캐스팅 크라운즈'가 부르고
흑룡강 조선족이 듣는 너의 노래
아, 아우여 우리 동포여

3

바람이 부는 땅

요술램프를 안은 니나 시암

사막에 지은 집이라 집을 은신처로 삼았어요.
알라신을 찾던 아버지도 신드바드 지혜를
꿈꾸던 오빠도 연기처럼 날아가 버린 곳은
수십 년 뒤 발굴된 학살지 유해와 닮았어요.
집이든 사람이든 무너져 버린 모습은 흡사하지요.
사람의 두개골과 팔다리뼈 척추와 골반뼈가 포개지듯
학교에서 돌아와 엄마를 끌어안던 집
별을 달던 지붕이 무릎을 꿇고
전갈 춤추는 사막 모래와 뒤엉키는 거죠.
요술램프가 조화를 부린 것인지 모르지요.
한번 부서진 곳은 안전한 곳이라고
폐허의 땅에서 혼자가 된 니나 시암
노을에 굽던 코란의 구절 조각나고
양탄자에 수놓은 무늬들 타오르는 불꽃
난리의 땅에서 건져 올린 플 라 스 틱 붉 은 꽃
그 속에서 여전히 낙타를 타고 가는 아버지
알라신 찾는 서룩한 노래 흘러나오고
신드바드 오빠 터번 보일 것만 같아
폐허의 품속에 꽃을 안고 말을 건네지요.

그런 니나 시암의 노래가 셰에라자드의 노래가 되어
아무도 들어 주지 않는 이야기 꽃 속에 담으면
뿌리내리지 못하는 사막 모래밭 둥둥 떠서
신기루처럼 펼쳐진 사람들의 거처
무너진 곳 다시 세워 요술램프 꽃 속은
아무도 열어 보지 못하는 비밀의 세상이지요.

요술램프 하인이 된 알리바바

곁을 떠나지 않는 새 한 마리 다가와 입을 벌리면
충직한 요술램프 하인처럼 아프가니스탄 사내는
양귀비 씨앗을 입속에 떨어뜨린다.
새의 뱃속에서 페르시아 양탄자에 양귀비꽃들이
촘촘한 무늬 새기며 아라비안나이트를 노래하고 있다.
사내가 나무 하나 돋지 않는 바위산 동굴 쪽을 가리킨다.
그 속에 아비와 형이 숨어 있다 하는데
도둑의 하인으로 묶인 사내는 갈 수 없다 한다.
알리바바도 신드바드도 될 수 없는 사내는
요술램프 깊은 자신의 몸속 고뇌를
주문 같은 아프가니스탄 말로 쉴 새 없이 펼쳐 내고 있었다.
사내의 집 앞으로 도둑들이 떼로 몰려와
마지막 하나 남은 새의 혀를 뽑아 간다.
새의 입속에서 칼로 흠집 낸 양귀비 진물이 끝없이 흘러나왔다.
코란에도 없는 구절을 읊는 일단의 사내들이
아라비안나이트를 이이가는 북쪽 방속
척박한 아프가니스탄 산악을 뒤로하고
자신의 요술램프 머리통을 사내가 문지르자

한 마리 새가 그 옆으로 다가선다.

나는 그의 요술램프 속으로 들어가 그의 하인이 되고 싶었다.

얼음제국

겨울 추위가 백설을 몰고 와
집을 짓는다. 결코 무너지지 않는
견고한 집, 죽은 나무까지
쓸모 있는 집으로 바꾼다.
때로 무너지기도 하는 집
그것은 건축가의 탓이 아니다.
겨울철 성전을 대비한 기초를
튼튼히 하지 못한 신민의 무례다.
집이 없는 노숙자 몸속에도
집을 짓는 겨울의 몰취미
얼음 레미콘을 퍼붓는다.
겨울 건축의 백미 상고대
곤돌라를 타고 보았던 덕유산
투명하고 눈부신 결빙처럼
겨울 왕국의 공중을 점거한
성대한 집이 우리를 제압한다.
거실 안방 창문 식탁들
꽁꽁 언 얼음 속에 갇힌다.
움직일 틈만 녹여 내고

얼어죽지 않을 최소 난방으로
추위를 물리치는 우리 숨결
작은 거처 들여다보는 눈길
어딘가에 제왕이 있는 것이다.
창문 닫고 문을 걸어 잠가도
하나같이 붙들려 점령당한 채
얼음집에 살 수밖에 없다.
우리가 적어 내는 모든 글을
햇빛이 복사할 수 있지만
얼음에 굴절되어 아무에게도
전해지지 않는다. 눈을 감아도
내 몸속을 관통해 오는 얼음
기둥 얼음 벽 얼음 천장
벗어날 수 없는 사상의 골격들
벽에는 겨울 한철 보아 내야 할
같은 화풍 같은 필치의 명화가
수도 없이 열려 있다.

봄꽃동산

봄꽃 피는 동산에서 우리는
한 꽃에 대해 말했네. 오랫동안
피우지 못하는 땅에 대해
아예 찾지도 않고 학명도 없는 것을
끌어내 우리가 피워야 한다고
다짐했네. 불끈 주먹 쥐고서
목소리 높였지만 언제나 봄은
작년의 꽃만을 되풀이 보여 주네.
땅속 깊이 출렁이는 노래의 뼈와
길의 화석에 뿌리박은 향내 모아
터뜨려야 할 꽃이 있다는 듯이
피는 것이 지는 일인 것처럼
날마다 가꾸는 사람들 지상에
있고 지하에도 있어 이 땅 곳곳
잡초에 가려진 눈부신 빛
밖으로 쏟아지는 봄날의 동산
얼마나 황홀한 순간일 것인가
우리가 간절히 딛고 선 발아래
열어젖히지 못한 자리 떠나면

해마다 피어나 사태 진 꽃들
우리가 남긴 말소리 풍선 부풀어
등뒤 환하게 눈부시네.

장기공연 주연배우의 독백

남사당패들이 갖고 다니는 꼭두각시 인형들이다.
나무토막에 너덜거리던 의식이 번쩍 눈을 뜨고
머릿속에 넣어 둔 대사가 몸통에 비쳐 오면
필요한 감정을 소품으로 미리 챙겨 놓는다.
곧이어 우리를 조종하는 대잡이의 소리가
나와 녀석의 목을 타고 자동으로 흘러나온다.
우리의 연기는 절정에 달하여
흉내낼 수 없는 증오심을 펼쳐 낸다.
자신의 역할에 스스로가 놀라듯
녀석의 연기에도 물이 올랐다.
화합할 수 없는 사이가 되고 만 우리
한 장면 끝나고 다음 장면
상대를 어떻게 받아칠지 서로 알고 있다.
감정을 폭발시켜 만끽하는 카타르시스는
관객의 몫이 아니라 우리의 것이다.
그래서 감정 오버를 지향하는 연기
대본에도 없는 행동을 넣기도 한다.
감독은 멀찌감치 관객의 자리에 앉아
제대로 길들인 양 따로 간섭하지 않는다.

더 이상 진화할 수 없는 종점에 이른 극
세상에 퍼진 대본을 이제 수정할 수 없어
너석을 겨누는 칼날도 거둘 수가 없다.
세계의 주목을 받고 있는 수십 년 장기 공연
관객들은 열렬히 박수로 화답한다.
하나의 슬픔이 천 개의 기쁨을 먹여 살리듯
자신의 능력에 저도 모르게 우쭐해지지만
화합의 감동은 관객 마음속에만 있는 것일까
우리는 텅 빈 몸으로 어느 국밥집에 모인다.
남사당패 꾸러미에 팽개쳐진 인형처럼
풀이 죽은 증오심에 밥을 먹이고 술을 붓는다.
바닥에는 그래도 사랑의 찌끼가 쌓여 가는지
함께 온순해져 서로의 마음 헤아리며
연기가 끝나도 우리 행동은 닮아야 하듯이
말을 걸지 않고 침묵의 역할에 충실하기로 한다.
그것은 반복되는 연기에 대한 무한한 경의이다.
공연이 끝나고 짐짝에 보관하는 꼭두각시처럼
우리는 무대 곁을 한 걸음도 벗어날 수 없다.
초점 잃은 눈을 감지 못하고 다소곳이 눕는다.

성찬(盛饌)

서로의 밥상에 푸짐한 꽃 차림을 올렸다.
입으로 쏟아붓고 생각 담아 낸 꽃들이
거품처럼 불어나 버글버글 끓는다.
공중 식탁에 올려 놓은 그릇에서
내려다 꾸역꾸역 퍼먹는 아닌 이웃들.
꽃회로 먹고 데쳐도 먹고 밥을 싸서
꽃쌈밥으로 먹는다. 배가 고프도록
눈으로 먹고 코로도 먹는 봄날
밥알 같은 하얀 꽃잎 흘린 자리에서
봄날의 별미 맛보다 울컥해진다.
서로에게 뱉은 꽃들의 가시가 걸렸고
독한 향료를 마구잡이 뿌렸기 때문
꽃 사태 한 상 잘 차려 준 상대는
뿌연 황사 먼지에 보이지 않아
멀고 먼 안부가 남남인 북남이다.
거품으로 부풀던 꽃들 스러지고
성찬도 밥상에서 거두어진 날
서로에게 떠먹이지 못한 말들이
나무 밑을 빠져나와 흐르고 흘러

닿지 못하는 소문의 강물로
머나먼 영토에서 출렁거린다.
눈먼 채 무심히 그 옆을 지나쳐
남에서 북으로 이동하는 꽃의 등고선
배고픈 사람들 마을에 이르러
푸짐한 밥상 또 한 차례 펼칠 것이다.
이쪽에서 쏟아 낸 말들과 감춰진 마음들
그들 뱃속 낭떠러지 뿌리로 내려
봄 한철 지지 않는 세상 환하다.

아버지의 등산

수십 마리 유기견을 데려와 작은 집에 거두는 노파처럼
아버지는 산 밖에 내쳐진 것들을 산속으로 가져간다.
항상 빈 몸으로 가지만 온몸 가득 짊어진 짐들
풀어놓는 그곳엔 옮겨진 것들로 무수하다.
산속의 나무 한 그루는 노숙자이고 분단된 동족
산비탈 돌멩이나 풀줄기에도 각각의 색인이 있다.
노아의 방주에 실은 저것들을 대체 어찌할 것인가
얼마나 많은 사랑과 연민 쏟아부어야
두둥실 떠서 새로운 세상에 닻을 내릴 수 있나
온 겨울 얼음과 바람에 갇힌 산이 풀리는 봄날
겨우내 우뚝 날 서 있던 아버지 저서가 출간된다.
물소리 바람 소리 또한 몇 마리 새와
누구도 모르게 피었다가 지는 꽃이 전복을 꾀하지만
산속에 숨긴 금서 한 권 읽어 내는 독자는 없다.
오늘도 그곳에 가서 몇 구절 고치고 더하고 오신다.
페이지 수가 늘어 가도 한 권으로만 유지하는 고집불통
용적이 자꾸 불어나는 망명정부 살림살이로
등산로를 올라가는 아버지 발걸음 속도도 더뎌 가나
아버지 유훈은 세상에 전해지지 않을 것이다.

아무런 변화를 눈치채지 못하는 것은
보금자리 산으로 날아가는 새들만이 아니다.
산속으로 옮겨진 사람들과 땅도
이주의 거리나 징후를 느끼지 못한 채
아버지 등진 뒤쪽 세상에서 낡아 간다.
자신들을 품어 갔다는 사실조차 모르는데
제국의 부흥을 꿈꾸는 아버지
한 평 자리 무덤만 더하고 말 것이다.

앙코르 톰 남문을 지나다

앙코르 톰 남문을 지날 때
동족의 표정으로 신들을 보는 눈
선한 얼굴은 자기의 것
상대를 악의 얼굴로 밀어내는
천년 후 이방인의 해독일 뿐이다.
현재보다 너그러운 오래전의 상상력
정으로 쪼아 놓은 마음의 굴곡을
현실의 착시라고 일깨우는 석상
선과 악 한쪽으로 갈라서지 마라
다리 중심을 통과하라고 문을 연다.
노 젓는 표정들에 이끌려
돌 속으로 들어서자 태곳적
미소들이 피어나 눈부시다.
우유를 젓는 협동 작업 신화
남북으로 붙든 하나의 기둥
빙빙 돌려 만드는 것 무엇인가
상반된 표정 돌 속에서 주거니 받거니
서로에게 힘을 건네는 수천만 년 돌기둥
갈라지고 무너진 조각 이어

양쪽의 단단한 힘 느껴 보는 사이
앙코르 제국은 저만치 멀어졌다.

사실주의 조각가

그의 작업실에 있는 조각상들은 살아 있다.
숨 쉬는 속살로 따뜻한 피가 흐른다.
조금씩 흘러든 빛에 잡히는 물기
자신의 손길 기억하는 조각가는
미세한 눈물 자국 읽어 낼 줄 안다.
돌과 금속은 작품의 재료가 아니다.
실제 한 순간에 돌과 금속의 옷을 입힌 것
그러므로 그의 조각상은 늙어 간다.
그는 철저한 사실주의자
소망의 세계를 빚지 않는다.
미리 빚어 내지 않는 미래가
현실과 정확히 일치되는 때
갇혀 있는 돌멩이 속 껍질을 깨고
부둥켜안을 그들의 날이 올 것이다.
껴안을 때 손을 어디에 둘 것인지
어느 정도 얼굴을 묻을 것인지
질감을 몇 도로 할 것인지
구상은 이미 끝나 있다.
생각대로 현실이 흘러 줄지 미지수다.

확인되지 않은 것을 새기는 법이 없으니
침묵의 선 깨뜨리며 수정될까 두렵지만
조각이 완성될 날 기다리며
오늘도 작업실에 선다.
그의 가슴 빠져나와
돌 속에 자리 잡는 그림자
흔들리는 촛불처럼
조금씩 위치가 달라지고
예전으로 다시 돌아가기도 하지만
현실을 앞지르지 않는 그의 조각
절대 원칙을 따르기에
완성하지 못한 조각상 품고
생을 마감할지 모른다.
누구도 꺼내 주지 못할 형상 하나를 품고

흉터

정차 안 룸미러 얼굴에 금이 간다.
천수관음 손안의 눈처럼 열리는 흉터
상처 하나가 입술 위에 서리를 박는다.
눈과 눈이 거울을 통해 마주보는 순간
어린 날의 서툰 동작이 제 몸을 해친
그리다 만 낙서겠지 생각하는데
몸의 상처에도 힘의 원리가 지배하는지
누군가 슥 기억의 뿌리를 베어버린다.
미세하고 흐릿하게 봉합된 피부 속으로
그날의 찬바람 불고 눈보라 들이친다.
내 몸 찢고 들어와 길을 튼 그의 말
드나들던 문이 그대로 보존되어 있다니
잊힌 줄 알았던 그의 얼굴 시리게
내피에 문신을 새겨 놓은 것이다.
그런데 이것은 또 무슨 조화던가?
그곳으로 어느새 자리 옮긴 강줄기
입술 위 코 밑에서 찰랑거리고 있었다.
마음대로 넘나들며 농락하던 깊은 상처
강 아래 갈앉은 대륙의 칼이

그 자리 오늘도 베고 함부로 찌른다.
은밀한 멸시의 북방어가 말을 달린다.
제 살 메우지 못한 유린의 교두보에서
날아오는 수백 년 전 채찍이 갈라
곳곳에 숨은 복병들 나라를 세우고
서로 등돌린 한반도 몸뚱어리
간직하고 있는 상처의 흔적이 눈을 떠
내가 달아나는 속도보다 더 빨리
후방 가득한 빛을 모아서 길을 잃는다.

난중일기를 읽다

장군은 사백년 후를 생각하고 나는 사백년 전을 떠올리네.
사백년이 넘었을 고목 속에서 나는 당신의 늙은 생각을 꺼내네.
굳센 나뭇가지에 당신은 칼 한 자루 숨겨 두고
너덜거리는 나무껍질 속에 아직 난중일기를 쓰고 계시네.
당신의 명을 충실히 수행하는 늙은 새 몇 마리
오늘도 가로질러 북쪽 하늘 날아오네.
당신이 호령하면 말달려 출렁이는 산의 능선
칼날의 서슬로 노려본 곳 강물을 흘려
나라 이룬 지도 한 장 품고 있는 당신
몸뚱이 곳곳으로 삭풍 불고 파도가 치네.
밤을 새운 육신 가득 미늘로 눈부신 이슬
이 땅 모반의 무리들이 날린 화살에
꿰뚫리고 온몸 칼에 베여 누더기인 당신
당신과 나 사이 어떤 이가 황급히 압록강을 건너네.
변방 너머 당신의 화살 내린 곳에서
당신이 지켜 낸 나라가 물 건너오지 못하고
변방 밖에서 울다가 사백년 전 당신 곁으로 가네.
변함없이 당신은 사백년 뒤 오늘도 변방으로 떠나네.

나는 당신 가는 길의 반쯤 되는 길가에서
이정표를 잃고 사백년 후 근심을 앓네.
당신 곁으로 가기 위해 나는 사백년 전 병사가 되어
발자국 뒤를 좇아 마침내 당신 앞에 서지만
우리의 길 서로 엇갈려 전과 후가 뒤바뀌네.
사백년도 더 된 당신의 고목 아래 이르러
다시 오래된 당신의 난중일기를 읽네.
당신은 내 마음 과녁에 화살 날려 길을 열고
변방으로 밀어내니 사백년 전 세상이네.

길

간다, 오솔길, 대한에 난 작은 길
걸어가면 저 멀리 손 흔드는 사람들
이 길을 말 지쳐간 사람에게 짓밟힌
서러움의 고개 들어 활짝 웃는다.
길 막혀 오지 못한 북쪽 사람도
돌아와 섞는 말소리 흔들린다.
장군의 무덤은 어느 쪽인가
그의 칼에 새긴 충혼이 눈뜨는지
새들이 왁자글 노을이 붉다.
가슴의 붉은 기운 사라지지 않는다.
어두운 길을 밝히는 횃불 하나
조선 천지 길들 깨우쳐
하나로 잇는다. 곳곳에 난 독초들
뿌리 뽑으며 도처에 눈뜬 이빨들
내어 쫓으며 길의 매듭 단단히
묶는다. 밤새워 고쳐야 할 것은
대동여지도 길을 다시 만드는 일
잡초 가득한 곳에 물길을 트고
끼리끼리 모인 곳에 산을 옮긴다.

한 치 앞을 못 보는 자들
그 앞에 대문짝 이정표 세우며
대한에 난, 작은 길, 끊긴 길, 묻힌 길
깁고 넓히고 꺼내 하나로 잇는다.
바다 건너 쉽게 넘보았던 땅에
저 멀리 손 흔들다 잠든 사람들
꿈에서 꿈으로 뻗어 가는 길
열고 대한의 아침 해가 오른다.

미키스 데오도라키스 음악을 들으며

미키스 데오도라키스의 음악을 들어야 할 때가 있다.
그리스 식 발음으로 음절 하나하나마다 힘을 주어
슬픔의 음표들에 비장한 악센트 꾹꾹 심으면
무력하고 서러운 발자국들 내 발아래 밟힌다.
오랜 나무 하나 부르르르 이파리를 떨며
꼭 나라 잃은 투쟁가의 비장한 마음 아니어도
가파른 언덕 세워 그 위를 넘어가는 나의 길
가보라고 가야만 하지 않겠느냐고 채찍질 앞세운다.
긴 세월 멈춰 선 자의 무심한 눈초리에서
꺼져 있던 태양빛 타올라 붉게 이글거린다.
그러나 노래가 끝나기 전 태양이 지기도 전에
정확히는 바람이 불어오기 전이라고 해야 할 것이다.
노래 안에서 가라앉기를 준비하는 너의 열정
혁명음악가의 어두운 골짜기로 망명해서
과거의 추억이나 만지작거리는 너의 결행은
생각난 듯 다만 울컥거리게 할 뿐이어서
미키스 데오도라키스의 음악을 듣다 보면
갇혀 있는 길 하나 울음소리 귀를 찌른다.

거대한 나무

바다 속에 우뚝 선 조각상을 떠오르게 한다.
먼 곳에서도 보는 이 압도하는 거대한 나무
새로운 잎사귀 내걸어 세상 무리를 모은다.
판도라의 상자 열린 듯 무성한 잎사귀들
잎사귀에 물드는 게시를 따라 하는 것처럼
언덕 너머 퍼지는 메아리도 그와 같았다.
그때마다 잎사귀들 떨리며 바람을 만들었다.
피 흘리는 자들이 잠시 잎사귀로 돌아와
나무의 수액을 먹고 새가 되어 날아갔다.
겨울이 와도 잎을 떨어뜨리지 않는 활엽수
누군가는 그 뿌리를 뽑아 없애려 하지만
들끓는 세상에 언제부터인지 자생한 것
자신의 심장을 나무에 잎사귀로 매달고
토해 낸 붉은 노을 다시 거두어들이며
산 자와 죽은 자 하나 되는 불사의 제의
보라, 그 혼이 부푸는 재생의 거대한 나무
자리에 누워도 온몸에 낙인을 찍는
누군가의 길이 만들어 낸 굵은 잎맥에
이끌려 거대한 나무 앞에 선다. 그의

말과 노래와 몸짓들에 잡아당겨진 나
거대한 나무의 잎사귀 하나로 맺힌다.

상량식(上梁式)

친구의 집 상량을 막 들어 올려놓았을 때
공중을 가로질러 날아가는 왜가리 떼가 보였다.
물고기들이 잎사귀로 떨어졌다는 은행나무에서
한쪽으로 비켜난 새들이 하루에도 몇 번씩
자신들의 집을 짓기 위해 같은 방향으로 날아간다.
아직도 싱싱한 물고기가 헤엄치는 개울을 향해
옛 나무의 위치를 눈대중으로 짐작하여
하루에도 몇 번씩 상량을 들어올리는 것이다.
집 한 채 잃고 공중에 떠 있는 왜가리 떼들
평생 집을 짓지 못한 가난한 아버지
자신의 몸에 몇 글자 상량문을 새겨
집 한 채 뚝딱 세울 것 같아도
왜가리 떼처럼 또 이삿짐 꾸려야 할 가족들
흐르는 물길 꽁꽁 숨어버린 막막한 터전에서
어디로 갈지 몰라 같은 자리를 맴돈다.
졸부들은 하룻밤에도 대궐 하나 올리고
아무나 나라 세워 별난 이름 써 붙이지만
한반도 한가운데 상량 하나 놓지 못하는
갈라진 분단국가여 떠도는 아버지여 왜가리 떼여

표적

지피는 불빛에 모여 한밤중
우리는 쉽게 표적이 된다.
타오르지 않는 자리가 늘어
세상은 더 깜깜해졌지만
가슴에 품은 불씨 점화되는지
어디선가 불빛 한 점 피어오른다.
기다려도 쉬 오지 않는 아침
무성한 잡초가 우리 자리 덮고
새들이 불협화음의 노래로
우리 흐느낌을 지워버린다.
어둠의 불쏘시개 살라
스스로의 길 열어 가는 사람들
그들의 길은 오직 불빛으로
온 곳도 갈 곳도 보이지 않지만
적대자들의 눈 속에 환히 타올라
길이 없는 자들에게 선명히
어둠 속 길을 보인다.
어둠 속에 뿌리내려 꺼지지 않고
누구도 끌 수 없는 불씨의 꿈

오직 어둠 속에서만 생명을 유지하는
저 불로장생의 질긴 생이여.
오늘도 누구 한 사람
불씨를 받아 제 가슴 태운다.

다산의 여신

저 여자 열 손가락에 봉숭아물 들여
열 개의 해를 떠나보낸다.
제 몸의 문 열어젖히는 붉은 희망
산란의 의례 행하고 있다.
대체 저 여자의 몸은
얼마나 많은 생명들의 집인 셈인가.
시집도 안 간 처녀가
그의 거처에 불을 내리고
어디를 그리 떠도는지
다니면서 어쩌자고 그 많은 것들을
몸속에 모셔 오는지 그 이유를
침묵의 방은 알고 있을 것이다.
펜 한 자루 몸속에 옮기고
그녀가 찾는 곳은 울음과
치열한 싸움이 있는 판
내동댕이쳐진 그녀의 몸이
거열형에 처해지듯 열린
순간이 있었다.
알집이 터지며

무수히 쏟아져 나온 것들
조용히 쓸어 담고
다시 추스른 껍데기의 몸
절박한 순간이라 여겨지면
수십 미터 상공에 올라
둥지를 틀고 달로 떠서
내려오지 않는다.
그때마다 우리 귀는
고압의 앓는 소리에 감전 당한다.
앞머리로 가려 놓은 눈썹은
몸속을 잠재우는 달
안과 밖을 동시에 볼 수 있는
눈썹 아래 두 눈으로
쓸데없이 너무나 많은 것
몸 밖에 품고 키우는 여자
만삭의 몸을 끌고
아무도 모르는 곳에 가서
사산하고 무덤을 만든다.
한 번도 아이를 낳지 못하고
슬픔만 가득 양육하는 여자
슬픔의 왕국에서 자라는
모든 꽃은 조화이다.

사산된 것들이 꽃 속에서 잠들다
그 여자를 찾아간다.
닭의 몸속에 둥근 알이 생기듯
몸을 떠나기 시작하는 붉은 해
출산 준비가 끝났다.

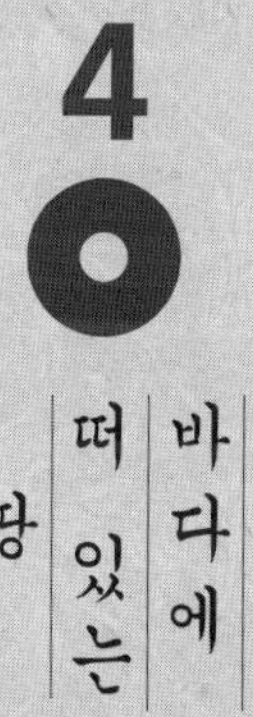

4 바다에 떠 있는 땅

백령도의 평화를 위한 노래

백령도를 향해 포문을 열고 조국을 겨누는 북녘 병사들아
백령도에 와서 그대들이 있는 곳을 바라보아라
용연군을 향해 포문을 열고 조국을 겨누는 남녘 병사들아
용연군에 가서 그대들이 있는 곳을 바라보아라
그대들이 적개심으로 노려보는 곳은 우리 조국이다
그대들이 표적으로 삼고 있는 곳은 우리 조국이다
적개심으로 노려보아야 할 것은 분단의 역사
표적으로 삼아야 할 것은 조국과 민족을 향한 적개심
그대들이 배를 띄워 도달해야 할 곳은 증오 없는 조국이다
그대들이 상륙하여 깃발을 꽂아야 할 곳은 분단 없는 조국이다
바다를 바람으로 건너가 동족을 서로 어루만져 보아라
바다를 건너온 바람에게 서로의 속마음 열어 보여라
그대들이 포를 쏘아 도달하는 거리는 좁혀야 할 간격이다
그대들이 눈 가까이 끌어당겨야 할 곳은 가늠쇠 너머이다
두 눈 부릅뜨고 지켜보는 바다에 난 길 바라보아라
투시경으로도 볼 수 없는 길 하나 떠오르는 것 찾아보아라
바다에 이는 파도는 북녘을 밀어내야 할 전선이 아니다
바다에 이는 바람은 남녘을 넘어뜨리는 전략이 아니다

북녘으로 가는 남녘의 벅찬 발걸음이다
남녘으로 가는 북녘의 눈물겨운 팔 벌림이다
백령도에서 포문을 열고 동족을 겨누는 조국의 아들딸들아
용연군에서 포문을 열고 동족을 겨누는 조국의 아들딸들아

포항에서

파도와 땅과 햇살과 해변 지대 공장 연기들이 꽉
들어찬 속을 뚫어 우리는 힘겹게 길을 열고 있었다.
우리가 가는 길 어디인지 아무도 알려 주지 않아
서로의 손을 잡고 더듬거리며 앞으로 나아가는데
발아래 시드는 꽃들도 더 이상 고개 들지 않아
세 사람의 얼굴이 자리할 곳 아무데도 없었다.
투명한 안개 가득하여 앞이 안 보이는 푸른 가을날
우리는 어느 낯선 마을 들길 접어들며 맴돌았다.
조선시대 고려시대 삼국시대 제국의 한 백성
군역을 치르러 가는 마음이 그러했을까
기합소리 함성소리 진을 친 무성한 나뭇가지 틈으로
한 사람을 건넨 두 사람은 새로 만들어진 길을 따라
눈물 몇 방울 심으면서 해가 지는 쪽으로 돌아섰다.

폭설

– 백령도1

백령도에 눈이 포탄처럼 날린다.
남한의 K-9 자주포 북한의 장사정포
펑펑 쏟아지듯 땅을 초토화시킨다.
하얗게 덮어 포진지도 지워지고 없다.
레이더 상에서 목표물이 사라진 날
거리를 재보고 또 재보는 계산병
자주포 포신은 눈 속에서 꼼짝 않고
바다 건너 새하얀 탄착점을 겨눈다.
흐린 조국 하늘을 더듬는 것은
새떼들과 바람과 거친 물살
동서 연락선은 끊긴 지 칠십년
남쪽 여객선도 발이 묶여 오지 못한다.
분단의 바다 오가며 같은 물결이라고
콩돌해안 때리며 울어대는 해조음을
네 시간 뱃길 달려온 면회객
해병을 기억하는 숨결로 풀었지만
콩돌 사랑은 깎여 바다로 흘러든다.
잠시 만나 터뜨리던 웃음꽃
화사하게 피어난 눈꽃의 뿌리

폭설 속 얼어붙은 발길을 찾아
눈망울 몰래 길을 여는 백령도
어둔 땅 놓칠까 새떼들은 고쳐 날고
해변 마을 폭설에 갇힌 절해고도
할아버지 부르는 손녀의 긴소리
심청이 마음에 앞길이 열릴까
꿰뚫어 보는 해병의 칼날 시선도
어둔 바다 NLL 넘지 못하고
몇 송이 눈발에 꺾여 땅으로 흩날린다.

벚꽃

– 백령도2

네가 돌아가는 길 아무도 들지 않는 곳에
화사하게 꽃은 피었는가? 벌떼 날려 윙윙대다
제 향기 잦아드는 백령도 어느 군사도로
무심한 눈길 거두고 멀어지는 너의 뒤에서
먼 거리 홀로 그리움의 꽃비 황홀히 날렸던가?
그 섬에 꽃이 지고 하릴없이 떨어져 내려서
그리움 하나 노를 저어 빠져나온 빈 자리
봄날 누군가 와서 품다 간 저 나무 둥지에서
눈을 뜨고 스스로 울렁이며 흔들리던 손길들
연초록 잎사귀로 색을 바꾸며 짙어지네.
발자국 멀리 부르는 소리도 없이 꽃을 피웠다
지우는 것이 그리움의 둥지 하나 품는 일이라
하얀 눈 날리는 저의 유희 홀로 거두는 날
네가 돌아가는 길 화사하게 꽃이 졌는가?

두무진 돌기둥
– 백령도3

두무진 바위 벼랑 아래 셋이서 사진을 찍는데 선 자리가
갈라진다. 해병은 섬에 남고 아내는 남녘으로 가고
나는 파도에 실려 나가 바위기둥으로 선다. 바다에 남는 나
가라고 가라고 가라는 메아리로 돌아오고 말지만
오라고 오라고 오라는 나의 외침소리 바람이 되고 파도가
된다.
내 발밑 파도의 끈으로 묶어 백령과 장산곶을 끌어당긴다.
남북이 위아래로 갈라지니 동서로 나뉘는 백령과 장산곶
그 사이 이웃나라 뱃길이 놓여 꽃게를 깊숙이 훑어간다.
나는 물줄기 접어 거리를 좁히려 노력해 보지만
나를 밀어내면서 잡아당기는 남한 백령도의 아들
북한 장산곶도 나를 끌어당기면서 밀어내는지라
언제나 나는 제자리 어느 쪽으로도 가까이 가지 못한다.
아, 이제 한 자리에 묶여 아무것도 할 수 없는 나
물살 하나도 보낼 수 없고 거스를 수 없는 자리에 서서
가마우지의 지친 날갯짓을 쉬게 하는 자리일 뿐이다.
해와 달과 바람과 새와 물결과 하나 된 자연으로 물러나
바다 위 돌기둥으로 서 있는 지 오래가 된다. 오래
나를 배경으로 사진을 찍던 한 사람도 떨어져 나와

바다 속 바위로 선다. 또 한 사람이 갈라져 나온다.
해 뜨는 나라 해 지는 나라로 나뉜 바다 가운데
눈 뜨라 눈 뜨라 눈을 뜨라고 심청이 몸 던지는 소리
귀머거리 심 봉사 나라 사람 듣지 못하여
백령도 두무진 바다 바위기둥 또 하나 와서 박힌다.

땅채송화

– 백령도4

백령도 해병 아들 면회하러 갔다
두무진 절벽에서 따라온 땅채송화 한 줄기
먼 거리의 꽃말을 어루만진다.
거센 바다 물결 제 뿌리로 삼고
젊음의 고뇌를 못 틔우는 '씩씩함'이여
줄기 한 부분 몰래 잘라 내어
다른 모습으로 변해보라 땅에 놓아도
내던진 맨몸뚱이로 온 겨울 버티다
봄눈 뜨고 정신없이 뻗어오른다.
고개 들고 일어서는 줄기마다
두무진 바위 절벽 한 칸 한 칸 쌓듯
바람 칼날 훔친 기상 칸칸이 내쏜다.

뱃길

– 백령도5

자식을 먼 섬에 보낸 부모들이
매일 배 한 척 띄운다.
가는 길 보이지 않는 너머
섬 하나 바라보다 늙고
눈멀어 수없이 만드는 산맥
사랑의 너울들이 바다에 갇힌다.
기다리던 자식들 돌아와
어서 나오시라고 돌려놓아도
오는 길 잃어버리고
바다에 뿌리를 내린
사랑의 부표들
거기에 박혀 있는 눈처럼
다 파먹힌 껍데기 속에
섬 하나 안기어 있다.

가시와 칼날의 바다

– 백령도6

네 시간 뱃길이 섬에 닿으면 진촌리
북포리 남포리 연화리 가을리
바다가 주인인 이 섬 모든 길은
바다에서 비롯되어 바다에 이른다.
땅속에 들기도 하고 두무진 바위
구멍으로도 빠져나오는 바람의 길
섬을 두른 바다는 끝없이 출렁인다.
장산곶 월내도 백령도 대청도 소청도
한 결 너울로 묶어 섬을 고르지만
포신처럼 구멍이 뚫려 있는 길 끝
장전된 포탄으로 표적을
겨누고 있는 곳을 포탄으로
겨누고 있다. 맞은편 서로
바다 가운데 포탄을 날려
물살을 찢는다. 푸른 속살에
깊숙이 박히는 가시와 칼날
상처 아물리는 바닷바람의 손길
제 노래 만들어 해안을 때리면
어지럽게 섬들이 흔들린다.

두 날개로 수평선 다스리며
팽팽히 섬을 당기는 장산곶매
날카로운 발톱 아래 차오르던
부력 잃고 급상승한다.

백령에게

전창옥(시인)

그랬지 우리, 지난 1월 눈 내리는 겨울부터 3월 봄까지 내 시집을 만든다고 함께한 시간들이 이제 다시 거꾸로 자네 시집이 만들어지는 것을 보면서 뜨거운 여름으로 접어드네. 호형호제하던 우리가 건지시인선 1번과 2번을 만들어 세상에 선보이는 것에 숨길 수 없는 기쁨을 맛보고 있네. 그 동안 함께 마시던 술이 아직 깨지도 않았는데 우리 다시 술독 속으로 빠져들어 주체할 수 없는 벅찬 감동을 발효시켜 보세나.

항상 온화하고 말수가 적은 백령의 마음속에 씻어 내지 못하는 상처가 있음을 알았네. 자네 눈은 어디를 보고 있는가? 보이지 않는 땅 아래와 먼 곳을 보고 있음을 이제야 알게 되었네. 자네가 이 시집 한 권에 담아 낸 마음의 아픔들이 세상에 나가 신원의 눈물이 되어주고 새로운 세상을 열어주는 바람이 되기를 소망하는 바이네. 다만 우리의 염원에도 세상은 자꾸 기울어 제자리로 돌아가고 말 뿐이어서 기우뚱한 자세로 서 있는 우리가 서로를 붙잡을 수밖에 없는 세월과 현실이 안타깝고 원망스럽지만 우리 함께 손잡고 앞으로 나아가세나.

작은 나무 한 그루가 거침없이 뿌리를 땅으로 뻗어 온 숲을 채워 나가듯이 우리가 노래한 시집의 마음 문을 떠난 소리들이 세상 나무 위의 돌개바람이 되고 먹구름이 되고 천둥번개가 되고 붉은 노을이 되고 또 되고 할 것임을 믿고 있네. 축하하네.

저
자
후
기

역사와 분단의 능선을 넘어 이념의 상처를 비장하게 노래하라

시집 해설은 절친한 천상시인 문정의 유고시집을 만들면서 함께 친구들의 생각을 모았을 때와 존경하는 전창옥 시인의 해설을 집필할 때밖에 없지만, 부탁하고 싶었던 형 정인섭 시인은 수소문해도 안 보여서, 대단치 않은 작품들 수고롭게 다른 분께 맡겨, 없는 시적 가치를 찾아낸다는 관습을 포기하고 염치불고 스스로가 붓을 듭니다. 이 시집의 구성은 4부로 나누어 소제목을 '땅'으로 잡았듯이 우리 역사의 상처와 분단의 아픔을 다룬 것들을 주로 모았습니다. 이 땅에 되돌려 위무하고 싶었나 봅니다. 눌변의 그늘진 정서가 글을 접하는 분들께 심리적 부담을 드릴 수도 있다는 생각에 당당한 생각보다 송구한 마음이 앞섭니다. 그러나 민족이 하나 되어 강대국에 둘러싸인 어려운 상황을 타개해 나가도 시원찮은 판국에 이념의 문제로 아직도 동족끼리 대결 구도가 계속되고 있고, 지나온 역사의 갈피에 신원을 못한 원혼들이 눈뜨고 있음을 생각하면서 한 순간의 부끄러움을 접어두는 바입니다.

제1부의 시편들은 이념의 문제로 동족끼리 다투는 과정에 희생된 사람들의 존재를 감싸 안은 작품들입니다. 지리산은 저의 고향 마을에서 맞바라보이는 곳에 있습니다. '베레모 군인들이 동청에 머무는 때면/우리는 그 곁을 떠나지 않았다. 오줌싸배기 똥싸배기/던져주는 말 좋아라고 한 마디씩 기다렸다./…/물의 나라 무릉도원 들머리에서/우리는 애꿎은 물고기만 잡아 툭툭 배를 땄다./탱탱한 슬픔의 부레 터지는 소리 아무도 듣지 못했다.'(「지리산」 일부)에서 보는 것처럼 순수했던 동심의 눈길이 역사의 상처를 접하면서 이 땅 온 자리에 한 맺힌 죽음이 있다는 것을 알게 됩니다. 어렸을 적 평화로웠던 '무릉도원'은 상처의 땅으로 변모해 버리고, 나라가 겪는 비극으로 인해 후대를 살아가는 국민으로서 그것을 증언하는 노래를 부를 수밖에 없는 것은 아픔일 것입니다. 시인은 이제 죽임을 당한 사람들의 존재를 환기시키는 자요, 그들의 원한을 씻어주어야 하는 제사장의 역할을 해야 할 처지에 놓이게 됩니다. 시는 그런 의식을 치르는 제의의 도구겠지요. 그 의식 속에서 펼쳐진 이 땅은 국토의 모든 부

분으로 동일한 아픔이 확산되어 나갑니다. (「거대한 트리」)

'결코 감기지 않는 눈들 돌보다 많아/걸음을 옮겨 디딜 수도 없는 땅(「기부금 영수증」에서)'이 되는 것입니다. 그 땅에 자라는 산수유와 피어나는 눈꽃도 죽어간 자들의 현신으로 다가옵니다. 산수유와 눈발은 서로 해후하기도 하고 자신이 꽃피운 슬픔을 스스로 거둬들이는 모습으로 죽은 자들의 영적 소재가 됩니다. 새들도 그들의 환신이고(「해독되지 않는 노래」) 죽기 전 표적입니다.(「두려움을 품은 나무」, 「술래잡기」) 지리산과 더불어 중요한 시적 배경이 되는 곳은 제주도와 한라산입니다. 4.3의 아픔을 환기하기 위해 반도의 끝인 마라도('핏물 붉은 항구를 떠나/오라고 오라고 손짓하지만/살아온 자 태우지 못하여/영혼만 만선인 텅 빈 마라도)까지 포함됩니다. 노래 중에는 서로 다른 이념을 가진 사람들 사이 이해의 폭을 좁히려는 시상이 보이기도 합니다. 역사 탐방을 노래한 「행간(行間)」에서 '그들의 분노가 조금씩 가라앉는 것을/뼈마디 순해지는 것으로 알아가는' 과정을 통해 역사적 화해에 관한 문제를 띄우기도 합니다. 「다랑쉬」에서는 먼 나라 부탄이나 라오스 사람들을 우리나라 사람들의 후생으로 연결시켜 상처의 영역을 넓히기도 하고 「순간체험」에서는 공포의 순간을 그려 그 아픔을 극대화하기도 합니다. 이 모든 그림들은 진실에 근접하기 위한 시도라고 생각합니다. 그런데 시인은 이념에 의해 희생된 사람들을 노래하면서도 이념을 따지지는 않습니다. 단지 생명 그 자체를 노래할 뿐입니다. 왜냐하면 생명보다 이념이 우선할 수는 없기 때문이지요. 우리가 헤어나지 못하는 이념의 대립 문제를 벗어날 수 있는 것도 이 가치에 있다는 생각이 듭니다. (「순간체험」)

이념에 의해 희생된 약자들의 모습이 처참한 죽음으로 그려지고 있지만 이때의 약자는 질곡의 우리 역사 속 그 누구를 끌어다 놓아도 무방할 것입니다. 언제나 한쪽은 쫓기고 밖으로부터 철저히 차단된 나머지 그들만의 열망을 끌어안고 점점 안으로 도피하여 자기들의 세상을 환상으로 키워 가고 있습니다. 「전사(戰士)들의 길」의 '우리를 저만치 밀어내는 앞산 봉우리'나 '우리를 기다리고 있는 세상이/저 봉우리를 넘어서면 올 것이라 확신하며/겨울 달을 더 한층 깊은 산속으로 들이밀었다.'에서, 앞으로 가는 전진이 오히려 뒤로 가고 있는 기현상으로 고립되고 마는 모습을 볼 수 있습니다. 결국 이념의 대립으로 인한 상처는 밖에서 못질해버린 고립과 폐쇄의 문을 열어 이들과 하나 되는 순간에야 치유될 것입니다. (「전사(戰士)들의 길」)

제2부는 동족과의 친화력으로 민족의 이질화를 해소하려

는 소망이 배어 있는 작품들로 짜여 있습니다. '그녀'로 대변되는 민족의 반쪽과 함께하려는 마음들을 확인할 수 있을 것입니다. 「누란(樓欄)」에서는 '지상의 곡식 한 알 수확해 올릴 수 없는 곳에서/들려오지 않는 그녀의 모습/언제 부서질지 모르는 제국의 안전을/날마다 빌고 나는 또 빌어야 한다./제국이 멸망하지 않아야 살아갈 수 있는 그녀'를 그리며 그들의 삶이 존치되기를 바랍니다. 궁극적으로 하나가 되는 세상을 열기 위해서는 서로의 존재를 긍정하는 생각이 전제되어야 한다는 뜻이겠지요. 중국 단둥이나 금강산 여행 체험이 바탕이 된 노래들 중 북한 교예단이 선보인 「동족의 묘기 그네입중심」은 위기 속에서도 버터나가는 동족의 생명력을 그려본 것입니다. (「동족의 묘기 그네입중심」)

집요하리만큼 동족에 대한 애정을 표현하는 것은 끝나지 않는 냉전의 현실에 던지는 시인의 메시지라고 볼 수 있습니다. 강대국의 침략과 강점으로 두 동강난 분단의 시대를 살면서 고착되어 가는 대결 구도를 돌려놓아야 한다는 절박한 마음이 무모하다는 생각이 들 정도로 끝없이 동족과 동족이 사는 터전을 그리워하고 가까이 접근하려는 노력을 감행합니다 「루비콘 강」에서는 서로 적대시하는 관계를 하늘에 뜬 반달의 지워진 선명한 자국의 반쪽으로 클로즈업해서 보여줍니다. (「루비콘 강」)

시에서도 보듯이 남는 것은 서로의 출혈뿐입니다. 이렇듯 적대적 관계가 가져오는 파국을 직시하고 하나가 되려는 몸짓을 열렬하게 수행해야 하는 것은 오늘의 절대적 사명입니다. 그래서 그런 경향의 작품들로 뒤를 받쳐 보았습니다. 동족의 굶주림을 걱정하고(「암소생각」) 매체를 통해 본 북한의 풍경과 모습을 그리며 그곳에 가고자 하는 열망을 끊임없이 품습니다.(「폭설」, 「그 마을이 있었다네」, 「남풍(南風)」) 그러나 거기에 도달할 수 없는 아픔을 토로하여 남북 분단의 비극을 전달합니다.

다음은 비교적 슬픔의 정서를 벗어나 있는 「계절 언어」라는 작품입니다. (「계절 언어」)

민족의 화합은 서로에 대한 이해로부터 출발합니다. 그리고 그동안의 적대시를 참회하는 것에서 진정성이 우러납니다. 그런 과단성 있는 행동을 누가 먼저랄 것 없이 적극적으로 실천해야만 우리는 가까워질 수 있습니다. 남쪽을 대표하는 '나'와 '그녀' 중 소극적인 쪽은 '나'이고 오히려 북쪽의 '그녀'가 앞서갑니다. 그러나 '나' 또한 머뭇거리지 않고 '그녀'를 이해하려는 눈을 뜹니다. '통일된 금강산에서 다시 만납시다.'는 말은 북쪽 사람들이 입버릇처럼 자주하는 말인데, 그 속에 담긴 미래는 거저 오는 것이 아니고 남북 민족이 하나 되기 위한 노력을 끝없이 경주해야만 가능할 것입니다. '금강산'을 배경으로 한 시편들 속에는 이런 뜻이 깃들어 있고 그들을 향한 동족애를 담고 있습니다. 또한 북한을 방문하여 공연하고 북한 가요를 리메이크한 외국 가수들의 노래를 들으며 가슴을 치는 참회에 빠지기도 합니다.(「아우의 노래」)

제3부에서는 현실을 대하는 태도를 노래한 작품들을 두서없이 묶어 보았습니다. 바깥 나라의 비극을 쳐다보기도 하고, 우리 안에서 자라고 있는 민족의식이나 현실비판 내지 현실참여 의식을 담아 보았지만 강한 시가 되지 못하고 저마다 한 가닥 슬픔의 뿌리를 내리고 있는 듯한 느낌이 듭니다. 강인한 용기와 적극적인 실천 의지가 아니라 무력감과 자탄과 소망에 머물러 있다는 생각이 듭니다. 현실에 참여해야 한다는 책무의식도 다만 무의식 속에 자리 잡고 있습니다. 그것이 우리들의 현재 모습인지도 모르겠습니다. 뼈아픈 반성을 하면서 시를 옮깁니다. (「봄꽃동산」)

항시 말과 생각만으로 끝나 버리는 우리의 결의는 단지 이 세상의 남모르는 배경이 될 뿐인가 하는 자책감에 빠지면서. 다음의 「아버지의 등산」에서도 얼마나 우리는 마음속 그림자로만 새로운 시대를 꿈꾸는지 알 수 있습니다. (「아버지의 등산」)

어떻게 하면 우리의 모습과 습관들이 달라질 수 있을까요? 슬픔과 아픔이 우리가 살아가는 공기이고 슬픔이 그 슬픔을 이겨내는 카타르시스의 역할만 하면서 수레바퀴를 무력하게 굴려 나가는 우리가 깨어날 날은 언제일까요? 트인 생각을 갖고 모두가 함께 새로이 열어젖히는 보다 좋은 세상이 왔으면 좋겠습니다.

마지막 4부는 해병대에 지원하여 이제 전역이 한 달여 남은 아들이 백령도 자주포병으로 배치 받아 근무할 때 보았던 것들을 몇 편 담았습니다. 그것도 민족 분단의 연장이겠지요. 인천에서 배를 타고 네 시간 걸려 도달하는 최북단 백령도, 두 번째 면회외박 찾아갔던 날 오전 중에 폭우가 쏟아져 북한에서 오후로 옮긴 노동당 창건 군사퍼레이드를 펜션에서 TV로 잠깐 지켜보면서 우울한 분단의 실상을 뼈저리게 느꼈습니다. 심청이 인당수가 있는 장산곶 쪽으로 몰려가는 구름을 바라보며 하루빨리 이념의 대립을 청산하고 화합의 시대가 왔으면 좋겠다는 생각을 품었습니다. (「벚꽃-백령도 2」)

전체적으로 조망해 보니, 역사의 상처와 분단의 아픔을 생각하며 쓴 것들이라 하더라도 극단적인 이미지, 장황한 서술, 감정 과잉, 여백의 부재, 격정적 어조들이 마음에 걸립니다. 그러나 매끄럽게 노래하지 못하는 천성을 다른 것에 돌린다고 해서 가려지는 것은 아닐 테고, 제 그릇의 형식을 찾아주지 못한 작품들을 무책임하게 내던진 것 같아 저의 작품들이 난삽하게 여겨져 거두어들이고 싶은 생각도 들었습니다. 하지만 부족하고 모자란 점조차 가상히 여겨 주시는 너그러운 마음을 기대하면서 이만 소회를 마칩니다.

하늘에 있는 시인 유명상과 소설가 서권과 시인 문정, 땅에 있는 80학번 친구들에게 청하는 것은 예고 없이 몰래 책 내서 미안한 마음 함께 모여 막걸리나 푸면서 풀자는 것, 그때 취기에 감춰 놓은 나의 부끄러움을 깨워 눈 뜨게 하는 일이 없기를 바라며, 고향 남원과 익산 가족에게 사랑을 전합니다. 발로 뛰어 〈건지시인선〉을 손수 만들어서 길을 열어준 똑소리나는 선배 시인 전창옥 형님께 감사하고, 자기검열의 걱정을 안고 내민 원고를 받아 어린아이 옷 입혀 주듯 매만져주신, 옛날 드나들었던 국문학과 건물 옆, 전북대학교출판문화원 원장님과 이소형 선생님을 비롯한 관계자 분들께도 심심한 사의를 표합니다.

2016년 5월 감꽃 떨어지는 날, 임백령

거대한 트리

지은이 임백령
펴낸이 이남호
펴낸곳 전북대학교출판문화원

초판 1쇄 인쇄 2016. 6. 25
초판 1쇄 발행 2016. 6. 30

소리내 전라북도 전주시 완산구 어진길 32 (풍남동2가)
전화 (063) 219-5322
FAX (063) 219-5323
출판등록 2012년 8월 20일 제465-2012-000021호

값 9,000원

ISBN 978-89-98534-91-2 03810

이 도서의 국립중앙도서관 출판예정도서목록(CIP)은 서지정보유통지원시스템 홈페이지(http://seoji.nl.go.kr)와 국가자료공동목록시스템(http://www.nl.go.kr/kolisnet)에서 이용하실 수 있습니다. (CIP제어번호 : CIP2016014454)